SUR GRIN VOS CONNAISSANCES
SE FONT PAYER

- Nous publions vos devoirs
  et votre thèse de bachelor et master

- Votre propre eBook et livre –
  dans tous les magasins principaux du monde

- Gagnez sur chaque vente

Téléchargez maintentant sur www.GRIN.com
et publiez gratuitement

Bibliographic information published by the German National Library:

The German National Library lists this publication in the National Bibliography; detailed bibliographic data are available on the Internet at http://dnb.dnb.de .

Imprint:

Copyright © 2019 GRIN Verlag
Print and binding: Books on Demand GmbH, Norderstedt Germany
ISBN: 9783346073365

This book at GRIN:

https://www.grin.com/document/509379

Carla Correia

L'identité narrative selon Ricoeur chez "Manèges" de Laura Alcoba

GRIN Verlag

GRIN - Your knowledge has value

Since its foundation in 1998, GRIN has specialized in publishing academic texts by students, college teachers and other academics as e-book and printed book. The website www.grin.com is an ideal platform for presenting term papers, final papers, scientific essays, dissertations and specialist books.

Visit us on the internet:

http://www.grin.com/

http://www.facebook.com/grincom

http://www.twitter.com/grin_com

Essai sur l'identité narrative selon Ricoeur chez *Manèges* de Laura Alcoba

* L'introduction

La littérature n'est pas seulement « un terrain de jeu » pour les recherches littéraires mais aussi pour les écrivains.

Les recherches littéraires ont toujours pour but de trouver dans les œuvres traitées une dimension personnelle qui renvoie à l'identité de l'auteur ou à certaines caractéristiques d'une époque.

En outre, la littérature est pour ceux qui veulent faire face à leur environnement et à leur « intérieur », une possibilité de réflexion.

Déjà dans les années 1990, Paul Ricoeur a reconnu l'importance de la littérature pour l'identité et a créé le concept de *l'identité narrative* montrant comment l'identité peut être complétée à l'aide de la narration.

Pour des raisons sociologiques et philosophiques, la littérature contemporaine se concentre de plus en plus sur le processus de mémoire et sur la recherche d'une propre identité.

En tant que professeure de littérature à la Sorbonne, Laura Alcoba s'est aussi très tôt aperçue du potentiel de la narration pour le processus de la mémoire. Or, elle écrit son roman *Manèges* pour une autre raison – pour oublier. Néanmoins, elle nous offre avec son roman un best-seller qui montre combien la littérature peut être efficace pour réfléchir sur sa propre identité.

* L'*identité narrative* selon Paul Ricoeur

Le terme *identité* vient du latin *idem* et signifie *du même*. Il peut également être trouvé dans les encyclopédies portant plusieurs définitions : (1) l'identité comme l'authenticité d'une personne ou d'une chose, (2) l'identité comme l'accordance de l'idée personnelle avec ce qu'on est ou avec ce que les autres pensent que l'on est et (3) enfin l'identité comme « unité intérieure », disant que la propre personnalité forme la symbiose d'un tout.

Paul Ricoeur essaie avec le concept de *l'identité narrative* de clarifier comment l'identité est reconstruite au moyen d'un récit fictif avec une base autobiographique, en proposant un modèle qui déchiffre cette identité dans son ensemble.

Pour cela, il se réfère à la troisième définition d'une identité « comme unité intérieure » et explique qu'elle ne consiste pas seulement avec l'*idem* au centre des choses mais surtout en le combinant avec le sens de l'*ipse*. Le terme *ipse* vient ainsi du latin et signifie *identique*. Pourtant, les deux termes avec ses sens ont une grande importance pour la construction identitaire.

En ce sens, il différencie l'identité dans son ensemble entre deux usages qui impliquent chacune d'autres qualités/caractéristiques. Pour lui *l'identité narrative* se compose de « l'identité comme *mêmeté* [(*même*)] et [de] l'identité comme *soi* [(*ipséité*)] ». Cependant, « l'*ipséité* n'est pas la *mêmeté*. » (p. 296).

2

Le *soi* est en effet la notion non réfléchie d'une personne, c'est-à-dire que le *Je* sait qu'il a une identité, mais il ne sait pas suffisamment la définir. Alors, le *soi* n'est pas nommé explicitement dans la narration, mais on le constate de manière permanente dans la vie réelle (Beständigkeit).

Le *même* par contre n'est pas forcement l'opposé du *soi*, mais il révèle l'autre face de *l'identité narrative* en représentant l'idée réfléchie d'un être. De ce fait, le *même* d'une *identité narrative* soulève inconsciemment la réelle identité cachée du narrateur ou bien de l'écrivain justement à l'aide de l'écriture.

Sachant que l'identité ne se forme jamais toute seule et qu'elle est toujours ancrée au concept de pluralité, alors dans l'environnement de la personne, la *mêmeté* et *l'ipséité* complètent ensemble « l'unité intérieure » comme accord entre la mémoire subjective d'un individu et la mémoire collective d'un groupe.

La recherche d'identité dans le processus narratologique s'inscrit directement sous le contexte de pluralité. Autrement dit, l'écrivain est le narrateur de la situation sociale et de l'environnement social dans lequel il se trouve et son identité se produit selon les émotions ajoutées. Alors que le *soi* comme côté émotionnel sera toujours difficile à expliquer et à compléter de manière objective pour le lecteur.

Ricoeur reconnait la narration comme un processus de (re-)production sociale à l'aide de laquelle le narrateur découvre et transforme son identité. Par conséquent, la narration est évidemment une recherche de réponses à la question « Qui suis-je ? ». Toutefois, en voulant répondre à cette question, le narrateur ne peut pas éviter deux autres questions qui y sont automatiquement liées – le « quoi » et le « pourquoi ».

Le « quoi » met le *soi* au centre du débat et le « pourquoi » se concentre sur l'environnement comme donneur d'indices pour le concept d'« identité », donc la mémoire collective liée à la mémoire subjective.

La difficulté de cette construction est aussi grande que sa conception. Une identité qui se forme à partir des réponses du « quoi » et du « pourquoi » ne pourra pas être homogène en soi, en effet le « pourquoi », en d'autres termes, l'influence dominante de l'environnement social sur la formation de l'identité, apportera effectivement une distorsion émotionnelle.

Celles-ci (les distorsions) s'appellent dans la littérature des « blancs » qui permettent au lecteur de jeter un coup d'œil analytique sur l'identité du narrateur. Or, ils n'aident pas seulement le lecteur mais surtout l'écrivain qui en écrivant son histoire a la possibilité de réfléchir et repenser son passé.

C'est là où Ricoeur souligne la signification de *l'identité narrative* pour l'écrivain : Elle est le moyen pour lui de se distancer de soi et de se confronter de manière critique à sa *ipse*, à partir de laquelle se constitue finalement la « véritable identité » de quelqu'un.

La constitution d'une identité narrative est basée sur des instants fictifs et historiques qui complètent la mémoire d'un individu ou d'un groupe de personnes entier. Autrement dit, lorsqu'une identité est reformée, la mémoire collective commence à être fragmentée. Pourtant elle empêche la déconstruction sociale, car la mémoire collective permet de maintenir une unité dans le groupe.

* Laura Alcoba – *Manèges*

Le roman *Manèges* de Laura Alcoba publié en 2007 chez Gallimard est la petite histoire de « Laura » (p. 74), un voyage fictif dans l'enfance d'une jeune fille, basée sur les événements historiques des années 70/80 en Argentine.

Le lecteur accompagne la narratrice de sept ans dans sa vie quotidienne où les fronts politiques et sociaux entre les Guérilleros et les militaires de droite, les Montoneros, se durcissent.

Laura vit avec ses parents qui appartiennent aux Montoneros. Après que son père est emprisonné, elle et sa mère doivent « vivre dans la clandestinité » (p. 17), dans une maison aux lapins avec au « cœur de la maison » (p. 49) l'imprimerie des Montoneros. En réalité, la maison qui rend possible la vie de famille sert plutôt comme *embute*. Ce mot espagnol, rarement connu, désigne plus au moins la nouvelle vie de cette petite fille, qui finalement ne sait pas qui elle est vraiment (p. 75).

Déjà le titre du roman donne des informations sur la vie de la protagoniste. Sa vie est comme « le manège » (p. 31) qui tourne sauf que « le mouvement [de son] manège tourne […] en sens inverse » (p. 46). Dans un sens métaphorique « le tournement » est marqué par une vie de peur, de honte et d'insécurité qui s'étendent comme un fil rouge pendant toute son enfance.

La narratrice mentionne sans cesse qu'elle n'est pas sûre de ses réponses, de ses déclarations et de ses sentiments (voici pp. 47, 60, 62, 74f., 110f.). L'incertitude citée révèle en elle un sentiment de honte (voici p. ex. p. 85) et de peur (voici p.ex. p. 123). Il en résulte que le lecteur perçoit une image triste et écrasante de l'enfance de « Laura » âgée de sept ans.

Non seulement les circonstances de la clandestinité et de la fuite, mais surtout les sentiments que Laura ressent sont d'une grande importance pour la compréhension du développement de son identité car ce sont les moments qui influencent sa véritable identité, alors le *soi*, de manière pertinente.

Dans le 6ième chapitre la protagoniste tente de déchiffrer le sens du mot *embute*, car il était souvent utilisé chez les Montoneros. Comme si souvent dans sa vie, ici aussi elle ne reçoit aucune réponse à sa question, parce que ce mot n'est pas officiellement connu. Après quelques recherches, elle parvient à la conclusion qu'*embute* « [appartient] à une forme de jargon propre aux mouvements révolutionnaires argentins » (p. 54) et que cela veut dire quelque chose comme « tromperie » (p. 53).

Toutefois, *embute* ne décrit pas seulement la fraude avec l'imprimerie illégale mais aussi l'état d'esprit de la narratrice et son identité dans son ensemble, autrement dit, intérieurement elle se sent déchirée. Même sans le vouloir, au fil du temps, elle commence à douter d'être digne de vivre, un jour, la vie qu'elle aimerait vivre (p. 72) – elle essaie de se « tromper » elle-même dans certaines situations.

Cependant, elle ne révèle jamais ses vœux et les garde pour elle. Sous la devise « on ne cache jamais aussi bien que dans une évidence excessive » (p. 61), elle indique clairement qu'elle est vulnérable et qu'elle aimerait être une enfant comme les autres.

À la recherche d'une normalité et du sentiment d'être une enfant normale, « Laura » se permet, chez sa voisine, d'entrer une unique fois dans le monde des « princesses », plein de chaussures et de vêtements (voir p. 71). Dans cette situation, une situation dans laquelle le *soi* se révèle, lorsque la voisine veut savoir son nom de famille, la réalité la rattrape relativement vite. Elle répond conformément à son état d'esprit que ses parents sont « monsieur et madame rien du tout » (p. 76). Une erreur qui met tout son entourage en danger.

Néanmoins, cette réponse est extrêmement significative pour l'analyse de l'*identité narrative* car elle montre l'état réel de la petite Laura : une identité complétement déchirée, au point qu'elle-même ne sait plus qui elle est vraiment – au lieu d'une unité intérieure, il prévaut une division intérieure.

Bien que la narratrice subisse de nombreux revers de part de son environnement et surtout de sa mère, elle essaie quand même au début de la clandestinité de ne pas perdre espoir. Avec Dieu comme autorité protectrice qui lui donne la force de continuer, elle accepte les obstacles sur son chemin et la difficulté de risquer de perdre peu à peu son identité. En ce sens, elle comprend Dieu comme « l'espérance » (p. 40) qui lui offre le soutien nécessaire.

Au fil du temps, l'espérance initiale devient à ses yeux l'*azar* (p. 128), ce qui signifie *le destin*. Donc, selon elle ce n'est plus l'espérance qui domine mais plutôt le destin auquel tous les êtres humains sont soumis.

Ceci est un changement essentiel dans et pour l'identité de la protagoniste parce qu'elle abandonne l'espoir et se donne complètement au destin – c'est avant tout le signe qu'elle n'a aucune chance contre les « grands » / les « adultes » - le monde.

L'autrice tente également au moyen de métaphores d'illustrer la division intérieure de l'identité du personnage principal. Le chat, le lapin et les pousses de fenouil servent de représentations métaphoriques.

Laura reçoit de l'Ouvrier un chat en cadeau. A un moment donné, le chat commence à l'énerver et elle le jette plusieurs fois contre le mur, sauf que le chat revient toujours (voici p. 80).

Métaphoriquement parlant, cette scène permet d'établir des parallèles entre la vie de la protagoniste et le comportement du chat. Malgré sa fragilité qui est totalement compréhensible, les échecs qu'elle a subi ne l'empêchent pas de tenir et elle se soumet à tous les coups du destin. Dans le contexte de son identité, cela témoigne d'une grande force et d'une grande volonté intérieure. La narratrice semble en être consciente, notamment dans la dernière phrase de cette partie du texte où elle mentionne « qu'on ne meurt pas comme ça » (p. 80), en d'autres termes : elle sait faire face aux revers et aux échecs dans sa vie.

Cela ne signifie pas pour autant que tous les événements qu'elle doit endurer sans résistance lui échappent, bien au contraire. A l'aide de la métaphore du lapin qui doit être abattu, il devient clair qu'elle aimerait aussi « se dégager » (p. 85) de la situation. Elle s'arroge la liberté qu'elle souhaite avoir par exemple en rendant visite à sa voisine ou à ses grands-parents, ou encore en tombant amoureuse de l'ingénieur, un sentiment pur et naturel.

Or, comme dans la situation avec la voisine, Laura ne peut pas se libérer de sa réalité, donc sa « fuite » se termine comme celle du lapin – il sont tous les deux rattrapés, Laura par les faits et le lapin par Diana.

Le silence exigé et le manque de liberté ont causé surtout une chose : la perte de son identité personnelle et individuelle, l'identité qui la constitue vraiment. Pour elle ce n'est pas seulement la « fuite » ou la « peur », c'est plutôt un déracinement de son soi, de la vie qu'elle vivait – son entourage qui faisait d'elle ce qu'elle était ou bien tout ce qu'elle pensait être. Tout comme le fenouil qu'elle a essayé d'arracher avec ses pousses mais qu'elle a dû laisser à moitié dans la terre, car les racines de la plante n'étaient pas assez assouplies (voici p. 116).

Ainsi son identité est restée incomplète en raison des événements vécus.

En ce qui concerne le concept de l'*identité narrative* selon Ricoeur, on peut dire que la *mêmeté* et l'*ipséité* sont également représentées dans ce roman.

Vu qu'il s'agit d'un roman fictif avec un fond autobiographique l'autrice et la narratrice doivent, en termes d'identité, être considérées comme une seule personne. Selon Ricoeur une *identité* a deux faces, pourtant celle-ci reste toujours le *même* individu.

Le *soi* en tant que côté de l'identité irréfléchie, dans ce cas l'identité de l'écrivaine/ narratrice, se manifeste pleinement dans le récit de la protagoniste en tant qu'enfant. Les actions irréfléchies, menées par l'état d'esprit de la petite fille, se reflètent plus clairement sur la base de ses sentiments de « peur », de « honte » et « d'incertitude ». De plus, elle souligne souvent le fait qu'elle ne sait pas pourquoi elle a réagi de cette manière ou dit certaines choses. Dans l'ensemble, tout cela indique que la narratrice n'a pas suffisamment réexaminé son soi, alors elle reste toujours le *Je* de l'histoire. Un dernier, et décisif, critère qui montre que la protagoniste de ce roman incarne l'*ipséité* de l'identité du personnage « Laura » est « le déracinement » qu'elle mentionne métaphoriquement avec le fenouil. Cependant, le déracinement en tant que tel n'est pas directement lié à l'identité de la personne évoquée. Selon Ricoeur, il s'agit plutôt d'un « *blanc* » qui permet au lecteur de présupposer quelques caractéristiques de l'identité réelle.

S'il s'agissait du *soi,* ces « *blancs* » n'existeraient pas, car ils sont reflétés et montrent une identité déjà relativement ouverte.

Le *même* par contre est représenté par l'écrivaine ou bien son personnage. Dans la préface et l'épilogue, Laura Alcoba utilise sa propre voix et non plus celle du personnage « Laura ». A la fin de la préface, elle précise les raisons qui l'on poussées à écrire ce roman : « pour voir […] si [elle] arrive à oublier un peu » (p. 14). Autrement dit, elle semble bien consciente des vestiges qui ont façonné son identité d'aujourd'hui. Sauf que la raison pour laquelle elle est capable d'expliquer ses raisons et ses sentiments du passé, est le fait d'avoir eu le courage de se confronter à son *Je* afin d'obtenir une réflexion et pour final d'avoir une ensemble sur tous les sentiments, de toutes les situations, etc. correspondant à son passé en Argentine.

Néanmoins, ce que Ricoeur explique comme la pluralité peut être expliqué par la mémoire collective. La mémoire subjective de cette jeune fille n'inclut que ses propres sentiments et les événements qui ont été importants pour elle. Cependant, l'autrice exprime dans l'épilogue des sentiments qui appartiennent à la mémoire collective. La liaison entre la mémoire collective, avec laquelle elle est entrée en contact au cours de ses recherches pour son roman, et la mémoire subjective, qu'elle a conservée depuis son enfance, fait de l'identité une « unité intérieure ».

Bibliographie

Littérature primaire

- Alcoba, Laura (2007) : *Manèges*. Gallimard.

Littérature secondaire

- Arrien, Sophie.Jahn (2007) : « Ricoeur et l'identité narrative. », Paris. URL : https://www.lepoint.fr/dossiers/hors-series/references/paul-ricoeur-philosophe-du-president/ricoeur-et-l-identite-narrative-21-07-2017-2144946_3442.php [09.04.2019]

- Ricoeur, Paul (1988) : « L'identité narrative. » Dans : Esprit. Comprendre le monde qui vient, n° 140, Paris. URL : https://esprit.presse.fr/article/paul-ricoeur/l-identite-narrative-12865 [09.04.2019]

SUR GRIN VOS CONNAISSANCES SE FONT PAYER

- Nous publions vos devoirs
  et votre thèse de bachelor et master

- Votre propre eBook et livre –
  dans tous les magasins principaux du monde

- Gagnez sur chaque vente

Téléchargez maintentant sur www.GRIN.com
et publiez gratuitement